こす・ふるう

うらごし器
やさいやくだものなどを、あみ目の上にのせ、木べらをおしつけて、なめらかにうらごしする

粉ふるい用のざる
あみ目が細かいので、粉のかたまりをよけたり、ちがうしゅるいの粉をまぜるなど、粉をふるう時に使う

ざる
やさいやくだものを、あらったり、水気を切る時に使う。うらごしすることもできる

まぜる

あわだて器
たまごや生クリームをあわだてたり、きじをまぜる

ハンドミキサー
あわだて器と同じ使い方。長い時間使う時におすすめ

ボウル
きじをまぜたり、あわだてる時などにざいりょうをいれる容器。ステンレスやホーロー、ガラスなどいろいろな素材があるので使い方にあわせてえらぶ

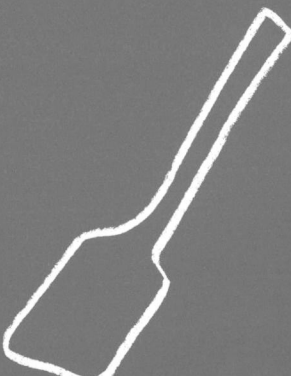

木べら
ねつに強くかたいので、火にかけたきじをまぜたり、うらごしをする時に使う

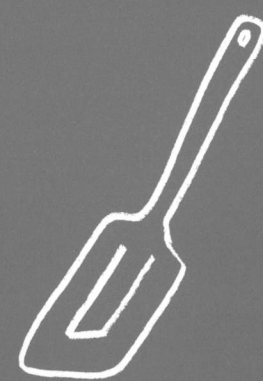

ゴムべら
きじを分けたり、まぜたり、容器についたきじを、くまなくきれいに取る

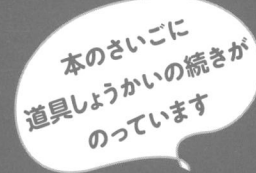

本のさいごに道具しょうかいの続きがのっています

おだんご先生のおいしい！手づくり和菓子

芝崎本実……著　二木ちかこ……絵

春　わくわくおにぎりさくらもち

童心社

はじめまして おだんご先生です

おだんご先生

はなこ（花見だんご）
かわいい3色カラーが
チャームポイント。きれ
いなものがだいすき。

こめまる
（いろどりだんご）
カラフルなおだんご
をまとった、おだん
ご村の元気じるし！

ごまご（ごまだんご）
はずかしがりでのんびりや
さん。一番のくいしんぼう。

よもぎっち（よもぎだんご）
なかま一番のしゅうさいくん。
いろいろな雑学を知っている。

こんにちは！　わたしは、和菓子がだいすきなおだんご先生。おだんご村でおいしいなかまたちといっしょに楽しくくらしています。和菓子の中で、一番すきなのはおだんご。しゅみは、おまんじゅうをつつむこと。これから読者のみなさんと、たのしく和菓子を作っていきたいなと思っています。
みなさんは、「和菓子」を食べたことがありますか？　たとえば、こんなお菓子が和菓子ですよ。みんな知ってるかな？

和菓子いろいろ

おだんご / ようかん / どらやき / おまんじゅう / 大福

和菓子ってなあに？

時代はさかのぼって、縄文時代。和菓子のはじまりは、そのころ日本で食べていた木の実やくだものといわれています。時には木の実を粉にして、かためてやいたものを食べたり、くだもののあまい汁や植物のみつで味をつけることもありました。でも、まだ菓子とはいわず、毎日にひつような食事として食べられていたようです。そして弥生時代になると、中国大陸からお米がつたわり、お米をたいてそのまま食べたり、たいたごはんをついてまるめて、おもちやおだんごのような形で食べるようになりました。今もある和菓子のざいりょうや形が、だんだん見えてきましたね。

その後、時代とともに社会が発展し、人々に地位や身分の差が出るようになりました。それと同時に、日本は中国やスペイン、ポルトガルなどの外国と交流し、さまざまな文化を学ぶようになってきました。そのころのしょみんは、身近にあるざいりょうを使って、むかしからある豆や木の実をにたり、いってつぶして粉にしたり、米をもちやだんごにして食べていました。

わたしたちがふだん食べている和食のざいりょう、米や豆などを使ってお菓子を作っていたのですね。でもさとうが高価な時代ですから、お菓子はとくべつなごちそう。神さまのおそなえ物として作ることも多かったようです。あまみも今ほど強くありませんでした。

いっぽう、地位の高い人は、外国からきた、いろいろなお菓子を食べることが多くなりました。そして外国の技術をさんこうにしながら、日本の文化や土地、味のこのみにあわせてくふうし、いろいろなお菓子が日本で発明されました。しょみんも食べられるお菓子が作られたのは、江戸時代。みんなが今も食べている、大福やようかん、どらやきなどがあります。明治時代には、西洋からハイカラなお菓子がたくさんはいってきました。そこで、大事につちかってきた日本のお菓子を、西洋のお菓子とくべつするために「和菓子」とよぶようになったのです。

3

春のきせつと和菓子

みんな、春ってどんなきせつ？

ぽかぽかお天気

お花見

こどもの日

ひなまつり

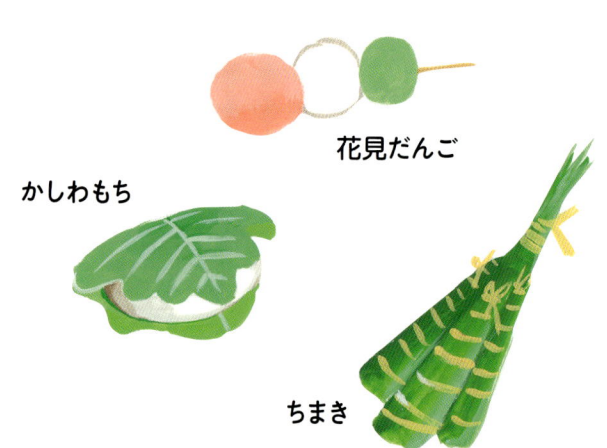

そうですね、春には楽しい行事がいっぱいです。
春の和菓子といえば、どんなものがあるかしら？
3月にはひな祭りがあります。
女の子の成長をいわって
「ひなあられ」、「草もち」、「ひしもち」が
おひなさまのひなだんの上にかざられます。

くさもち

ひなあられ

さくらもち

ひしもち

4月はお花見のきせつ。
きれいなさくらを見ながら、
ピンク色がきれいな「さくらもち」や、
ピンク、白、緑の3色でできた「花見だんご」を
食べるのも楽しい時間です。

かしわもち

花見だんご

ちまき

5月は子どもの日がありますね。
男の子がたくましく育つようにとねがいながら
「かしわもち」や「ちまき」を食べます。

この本は、おだんご先生おすすめの春の和菓子の作り方をのせています。むかしながらの和菓子もあれば、みんなの知っている洋菓子を、和菓子のざいりょうで和風にアレンジしたレシピもありますよ。お店で買う和菓子もよいけれど、自分でつくる「手作り和菓子」って、かわいくって、そぼくで、そしてとってもおいしいんです。さあ、おだんご先生と春の和菓子を楽しみましょう！

和菓子を作ってみよう

手作り和菓子を、みんなで食べるのは楽しい時間ね。
手作りだから、保存料などの添加物ゼロで体にもやさしい！
少し形がでこぼこだって、きっとおいしい和菓子ができますよ。

1 作る和菓子を決めましょう

きせつや行事を考えて、作りたい和菓子を決めましょう。作り方に書かれている「クックレベル」をさんこうに、自分が作れそうなものから、作ってもいいですね。写真をよく見て、おいしそう！作りたい！とピンときたら、今日の和菓子は決まり！
おとなの人に「この和菓子を作りたい！」とつたえて、いっしょにじゅんびするざいりょうや道具、作り方を見てみましょう。

2 ざいりょうや道具をそろえましょう

手作りする和菓子が決まったら、ざいりょうと道具をそろえましょう。和菓子作りで一番大切なことは、ざいりょうをきちんとはかること。
ざいりょうと道具は、和菓子を作るじゅんばんで書かれています。そのとおりにじゅうびをすると作りやすいですよ。
ボウルやなべなどは、ざいりょうの分量をみて、ちょうどよい大きさのものを使うといいですね。

3 みじたくしましょう

- 三角きんやぼうしをかぶりましょう
- 長いかみはむすびましょう
- 洋服がよごれないように、むねあてのあるエプロンをつけましょう
- つめのチェックもわすれずに

つめの間は、ばいきんがいっぱい。つめきりでみじかく切りましょう。石けんをあわだてて、つめやゆびとゆびの間、てのひらやこう、手首からうでまでをあらいましょう。

4 作りましょう

作り方をよく読んで、じゅんばんどおりに作りましょう。火を使う時は（フライパンやむし器を使う時など）、やけどをするとあぶないので、かならず、おとなの人にそばにいてもらうように、おねがいしましょう。

5 作りおわったらかたづけをしましょう

火はきちんと消しましたか？ 使ったどうぐやおさらをあらい、かわいたふきんでふいたら、もとの場所にもどしましょうね。流し台やガス台、オーブン、台の上もふきんできれいにふきましょう。さいごはぶんべつしたごみをかたづけておしまいです。

さあ、おだんご先生と、おいしいなかまたちといっしょに、おいしい手づくり和菓子を作って、みんなをびっくりさせちゃおう！

もくじ

- はじめまして おだんご先生です ……… 2
- 和菓子ってなあに？ ……… 3
- 春のきせつと和菓子 ……… 4
- 和菓子を作ってみよう ……… 5

うるち米の粉でもちもち 和菓子

おだんごといえば やっぱりみたらし
みたらしだんご ……… 12
クックレベル…★★☆　調理時間…**60分**

もちもちで ほんのりあま〜い！
ピンクすあま ……… 14
クックレベル…★★☆　調理時間…**60分**

もち米の粉でもぐもぐ 和菓子

おにぎり型で にぎりやすい
おにぎり風さくらもち ……… 18
クックレベル…★☆☆　調理時間…**30分**

- ● クックレベルがついています。レシピえらびのさんこうにしてね。
  - ★☆☆　しょしん者におすすめ
  - ★★☆　いくつかお菓子を作ったらチャレンジ！
  - ★★★　お菓子づくりになれた人におすすめ
- ● 食物アレルギーにかんする表記は、レシピの下を見てね。

おさとうでキラキラ 和菓子

さとうをこがして べっこうあめ作り
べっこうロリポップキャンディー ……… 24
クックレベル…★☆☆　調理時間…**40分**

寒天でひかる キラキラメイク
かんたんひめかのこ ……… 26
クックレベル…★☆☆　調理時間…**30分**

かためる素材でフルフル 和菓子

洋風だけど ほんのりあんこ味
あんでアイスクリームババロア ……… 32
クックレベル…★★☆　調理時間…**145分**

ゼリー風の飲み物
寒天ドリンク ……… 34
クックレベル…★☆☆　調理時間…**15分**

プルプルおいしい
フルーツ寒天ぐみ ……… 35
クックレベル…★☆☆　調理時間…**75分**

あんこがおいしい 和菓子パン

フライパンで かんたんおやつパン
くるくるまるめてあんおやき ……… 38
クックレベル…★★☆　調理時間…**60分**

「つぎはわたしね」とおだんご先生の出番です！
「おだんごは、お米の粉でできているのよ。みんながいつも食べているごはんを、うるち米と言うの。うるち米を粉にしたのが、上新粉。この上新粉で、おだんごを作るのよ」

へぇー！しらなかったー。

やっぱりおだんご先生が、一番のおだんご物知り、みたいです。
みんなおなかがすいたので、おだんご先生の家で おだんごを作ることにしました。

おだんご先生は、キッチンでおだんごを作る粉を取りだしました。
「これが上新粉。おだんごのほかに、かしわもちや草もちに使うのよ」
「ぼく、白玉だんごもだいすき！」とごまごが言うと
「お米は、うるち米のほかに、もち米というしゅるいがあるのよ。もち米って知ってる？」
とおだんご先生。
「お赤飯やおもちは、もち米で作るってばあちゃんが言ってた」とよもぎっち。
「さすが、よもぎっちね。うるち米よりも、もちもちしているのが、もち米のとくちょう。
白玉だんごは、もち米を粉にした白玉粉からできているのよ。お米の粉にもいろいろあるという豆ちしきね」とおだんご先生が教えてくれました。

うるち米
白くて半透明

もち米
まるっこくて乳白色

「さぁ、今日はみんなで
うるち米の粉・上新粉を使った和菓子を、ふたつ作りましょう。
みんな知ってる、みたらしだんごと
ピンク色がかわいい、もちもちのすあまよ！」

さぁ、作りましょう！

もっとお米の粉について知りたい人は、冬の巻もみてね！

うるち米の粉で もちもち和菓子 みたらしだんご

おだんごといえば

ざいりょう と 道具

だんご6本分

上新粉	200g
ぬるま湯	160ml
（体温くらいのあたたかさ）	

たれ

しょうゆ	35ml
上白糖	100g
みりん	10ml
こぶ茶	120ml
（湯にとかしたこぶ茶）	
水	大さじ2
片栗粉	15g

道具

- ボウル
- ゴムべら
- カード（へらで代用できます）
- むし器
- さらしふきん
- なべ
- スプーン
- 木べら
- 竹ぐし
- やきあみ
- なべしき

1 きじを作る

ボウルに上新粉、ぬるま湯をいれ、ゴムべらでまぜる。

2

小さく分けると早く火がとおるのよ

きじがひとつにまとまったら、カードやへらで12コに分ける。

3 きじをむす

むし器の下の段にお湯を半分くらいいれ、上の段を重ねてふたをして、強火にかける。

4

時間をはかるときはタイマーがべんりよ

ふたのすきまからゆげが出てきたら、ふたをあけて上の段をはずし、外にだす。上の段に、水をしめらせてかたくしぼったさらしふきんをしく。2で作ったきじを、さらしふきんの上につかないようにならべ、強火で30分むす。

5 たれを作る

なべにしょうゆ、上白糖、みりん、こぶ茶をいれ、強火にかけ、ふっとうさせる。

やっぱりみたらし

クックレベル…★★☆
調理時間…**60分**

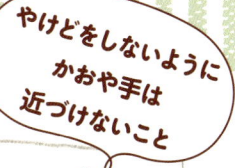

6
かならず水で作りましょう

別の小さなボウルに水、片栗粉（かたくりこ）をいれ、スプーンでまぜて、水どき片栗粉（かたくりこ）を作る。

7
5がにたったら火をとめ、6をゆっくりと流しいれ、また強火にかけ、木べらでまぜる。トロトロになったら火をとめる。

8 きじのようすを見る
やけどをしないようにかおや手は近づけないこと

4を火からはずし、きじを1コ取りだす。ふたをあける時は、おとなの人にてつだってもらおう。

9
中まで同じ色ならOK！

きじをカードやへらなどでわり、むす前のまっ白な色から、つやつやした白い色になったことをたしかめる。

10 きじをひやす
8のきじをさらしふきんごと取りだし、水をいれたボウルにしずめ、1〜2分ひやす。

11 きじをまとめる
だんだんもちもちのきじになりますよ

ボウルからきじを取りだし、さらしふきんの上からきじをこねて、ひとつのかたまりにする。

12 形を作る
台の上にきじをのせ、手で細長いぼうの形にする。カードやへらで24コに分け、ひとつずつまるめて竹ぐしにさす。

13 だんごをやく
おだんごをやきあみの上にのせ、少しこげめがつくまで、くしをもってころころまわしながら中火でやく。

14 たれをつける
できあがり

くしをもって、おだんごに7のたれをつけてからめる。

食物アレルギーに注意する食品（27品目中）／小麦、だいず

うるち米の粉で もちもち和菓子 ピンクすあま

ざいりょうと道具

色づけ用
粉の食用色素（赤）	少々
水	大さじ2

きじ1本分
上新粉	150g
上白糖	150g
塩	1つまみ（小さじ1/4）
ぬるま湯	150ml
（体温くらいのあたたかさ）	
片栗粉	適量

道具
- ボウル
- つまようじ
- ゴムべら
- ステンレスやとうきなどの耐熱容器（むし器に2つはいる大きさ）
- さらしふきん
- むし器
- めんぼう
- まきす
- まな板
- ほうちょう

1 じゅんびをする

色素を作る。小さなボウルに、小指の先ぐらいの量の色素をいれ、水をくわえて、つまようじでまぜる。

2 きじを作る

ボウルに上新粉、上白糖、塩をいれ、ゴムべらでまぜる。よくまざったら、さらにぬるま湯をいれ、ゴムべらでまぜる。

3 きじに色をつける

2つのボウルに、きじをおなじ量ずついれる。

4

ひとつは白いままおいておき、もうひとつのきじに、つまようじで1の色素を1～2てきずつ、色を見ながらいれる。

5

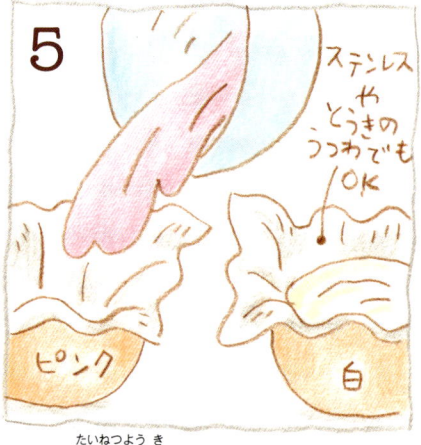

2つの耐熱容器に、それぞれさらしふきんをしいて、ひとつに白のきじを、ひとつにピンクのきじをいれる。

6 きじをむす

むし器の下の段にお湯を半分くらいいれ、上の段を重ねてふたをして、強火にかける。

ほんのりあま～い！

クックレベル…★★☆
調理時間…**60分**

7
「いったん火を止めていれますよ」

ゆげが出てきたら火をとめ、ふたをあけて上の段に**5**をいれ、強火で30分むす。

8 きじのようすを見る
「やけどをしないようにかおや手は近づけないこと」

7の火を止め、きじをゴムべらなどでわり、むす前のまっ白な色から、つやつやした白い色になったことをたしかめる。中まで同じ色ならOK。ふたをあける時は、おとなの人にてつだってもらおう。

9 形を作る
「だんだんもちもちのきじになりますよ」

8のきじをさらしふきんごと取りだし、台にのせ、さらしふきんの上からきじをこねる。

10
「くっつかないよう台に片栗粉をかけます」

台に片栗粉をふりかけ、ピンクのきじは、めんぼうで3mmのあつさに丸くひろげ、白のきじはまるいボールの形にする。

11

白のきじをピンクのきじでいったん、おまんじゅうのようにつつみこんでから、両手で太いぼうの形にのばす。

12

まきすにきじをのせてまき、上から手でぎゅっとおさえる。手をはなして10分くらいそのままおく。

13
「まきすのすじがつきますよ」

まきすを取ったら、よぶんな粉を、手でやさしくはらいおとす。

14 すあまを切る

ほうちょうで、2cmぐらいのあつさに切る。

できあがり

食物アレルギーに注意する食品（27品目中）／ありません

15

もち米の粉でもぐもぐ和菓子

さくら小町さんと道明寺くんが
まんかいのさくらがきれいなおだんご山へ
お花見にいこう、とさそいにきました。

おだんご先生、
おみやげに
道明寺粉を
もってきたよ

わたしはママが
さくらの葉の塩づけが
よくできたから
どうぞって

「ありがとう！ とってもいいかおり！ ふたりのおかげで、さくらもちの
ざいりょうがそろったわね！ お花見に、手作りのさくらもちを、もっていきましょう」
おだんご先生は、るんるん気分です。

「ところで、さくらもちが2しゅるいあるのは知ってる?」
とおだんご先生。
「ひとつは、むしたもち米をほして、あらくくだいた
道明寺粉（どうみょうじこ）を使ったさくらもち。
もうひとつは、小麦粉（こむぎこ）で作ったきじをうすくのばして
やいたものに、あんこをつつんださくらもち。
両方とも、同じさくらもちっていう名前なの」

関西風（かんさい）　　　**関東風（かんとう）**

チャームポイント	チャームポイント
●お米とあんこで食べごたえあり	●クレープみたいに皮でまいてあるから食べやすい
●つぶつぶした口あたりともちもちした食感	●やわらかな皮とあんこのハーモニー

「今日はふたりがくれたざいりょうで、お花見ピクニック用に
ちょっとかわった、おにぎり型（がた）のさくらもちを作りましょう!」

もち米の粉で和菓子 おにぎり風さくらもち

おにぎり型で

ざいりょうと道具

色づけ用
粉の食用色素（赤）	少々
水	大さじ2

さくらもち4こ分
水	300ml
上白糖	80g
道明寺粉	130g
こしあん	80g
さくらの葉	4まい
きなこ	40g

道具
- ボウル
- カード（へらでも代用できます）
- つまようじ
- なべ
- 木べら
- なべしき
- ラップ
- さらしふきん

1 じゅんびをする

塩気をぬくために水につけます

ボウルに水をいれ、さくらの葉をいれる。水がきみどり色になったら、新しい水にいれかえる。

2

さくらの葉を取りだし、かわいたふきんで水気を取り、さくらの葉のくきを手でちぎる。

3

あんこをカードやへらで4コに分けて、手でまるめる。

4

色素を作る。小さなボウルに、小指の先ぐらいの量の色素をいれ、水をくわえて、つまようじでまぜる。

5 きじを作る

強火

ピンク色はうすめのほうがきれいですよ

なべに水、上白糖をいれて、強火にかける。上白糖がとけたら、火をとめ、1〜2できずつ色をみながら、つまようじで色素をいれる。

にぎりやすい

クックレベル…★☆☆
調理時間…30分

5のなべを強火にかけ、ふっとうしたら道明寺粉（どうみょうじこ）をいれ、木べらでまぜる。

中火にして2〜3分火にかけ、水分がなくなるまで、木べらでまぜる。

よくむらさないとつぶのまん中がかたくなりますよ

7をボウルにうつし、ラップをかけて、15分むらす。道明寺粉（どうみょうじこ）を少し食べてみて、中までやわらかいことをたしかめる。

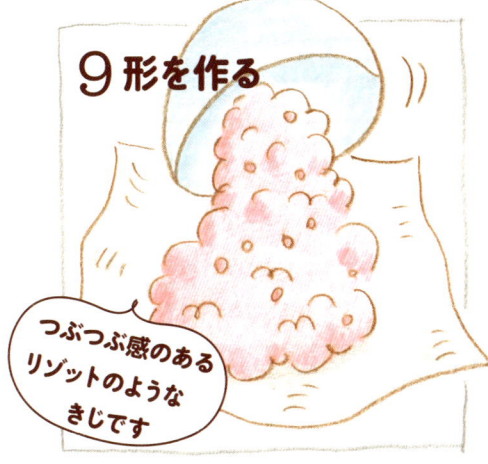

つぶつぶ感のあるリゾットのようなきじです

水でぬらしてかたくしぼったさらしふきんを2まい用意し、8のきじを1まいのさらしふきんの上に取りだす。

9のきじをカードやへらで4コに分ける。

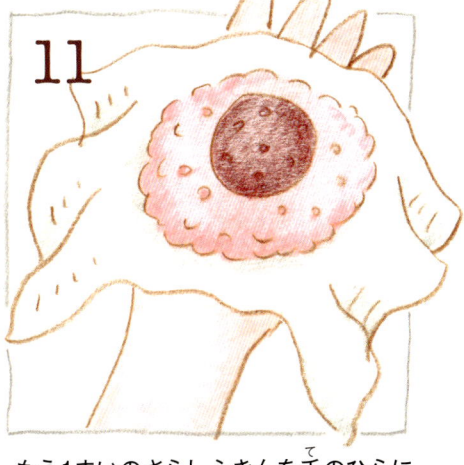

もう1まいのさらしふきんを手（て）のひらにのせ、10のきじを5㎜のあつさで平らにひろげ、まん中にあんこをのせる。

さらしふきんごしに、きじをつつみこむようにあんこをつつむ。両手を使って、三角のおにぎり型（がた）ににぎる。

さくらの葉っぱも食べられますよ

13のまわりに、このみできなこをまぶし、さくらの葉をまく。

食物アレルギーに注意する食品（27品目中）／だいず　19

おさとうでキラキラ和菓子

今日はキャンディーびじゅつ館で
さとうのてんらん会。
さとうをつかった宝石や、作品がてんじされます。
おだんご先生とはなこは、しょうたい状をもって
おだんごエコカーでレッツゴー！

びじゅつ館の入り口では
キャンディー館長がお客さまのおでむかえ。
「おだんご先生、ようこそ！」

中にはいると、すてきなステンドグラスがた〜くさん。
「これはみんな、さとうで作ったあめでできています。
こちらの花やおき物も、ぜーんぶあめなんですよ！」

さとう 大へんしん

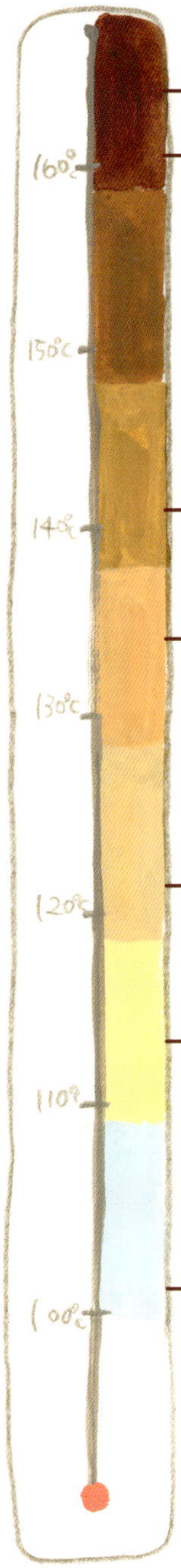

170℃いじょう（茶色）
プリンなどにかけるカラメルソース

140〜160℃（つやつやしたとうめいな色）
ドロップ、キャンディー、べっこうあめ

120〜130℃（とうめいな色）
キャラメルやタッフィー（かたいキャラメル）

100〜110℃（とうめいな色）
かき氷やコーヒーゼリーのシロップ
ファンダン（さとう衣）
かりんとうのまわりのさとう
ケーキやクッキーにかかっているアイシング

「つぎは、温度でかわるさとうの大へんしんです」

「さとうを火であたためると、少しの温度のちがいでどんどん色やかたさがかわっていくんですよ。そのとくちょうをいかして、いろいろなお菓子が作れるんです」

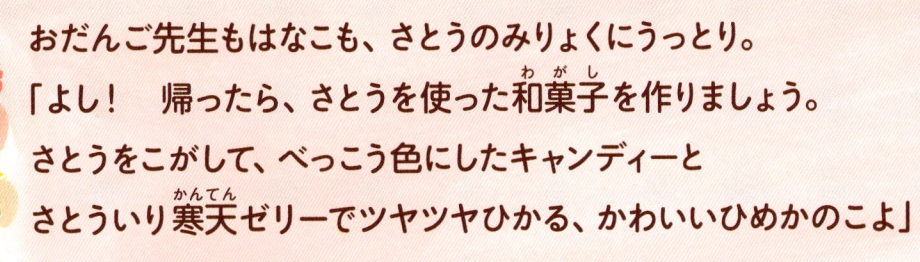

おだんご先生もはなこも、さとうのみりょくにうっとり。
「よし！　帰ったら、さとうを使った和菓子を作りましょう。さとうをこがして、べっこう色にしたキャンディーとさとういり寒天ゼリーでツヤツヤひかる、かわいいひめかのこよ」

おさとうでキラキラ和菓子
べっこうロリポップキャンディー

ざいりょう と 道具

キャンディー5本分
油（型にぬる油）	適量
水	40ml
グラニュー糖	125g
水あめ	50g

道具
- キッチンペーパー
- このみのかわいい型（ひとつ25〜30mlくらい）
- なべ
- つまようじ
- あめ用のぼう

1 じゅんびをする

（型から取りやすくするためです）

キッチンペーパーに油を少しつけて、型の内がわにうすくぬる。

2 あめを作る

なべに水、グラニュー糖をいれる。

3

中火

2を中火にかけて、なべの取手をもって、ゆすりながらグラニュー糖をとかす。

4

（ふっとうしてもかきまわさないでがまんして）

強火　中火

グラニュー糖がとけたら、強火にしてふっとうさせる。この時まぜると、できあがりがざらざらしたり色が白くなるので、かきまぜないように注意すること。ふっとうしたら水あめをいれ、中火にし、しばらくまぜないで、そのままようすを見る。

5

あめがうすい茶色に色づいたら、つまようじの先にあめをつけ、かんでみる。「カリッ」と音がしたら、火からおろす。

さとうをこがして　べっこうあめ作り

クックレベル…★☆☆
調理時間…**40分**

6 型に流す

おとなの人にてつだってもらおう

6のあめを型に流す。あめは100℃いじょうになっているので、型に流すときはやけどをしないように注意すること。

7

はじめはやわらかいのでぼうはたおれるよ

あめ用のぼうを、あめのまん中までさしこんで、そのまま20分くらいおく。

8

できあがり

あめがかたまったら、ぼうをもって型からはずす。

おだんご先生の 豆ちしき …… さとう いろいろ

多くのさとうは、サトウキビが原料になっていて、いろいろなしゅるいがあり、作り方によって色や形、味もかわります。それぞれのとくちょうをいかして、使い分けることができます。

上白糖（じょうはくとう）
しっとりしていて、味にこくをつけるといわれ、家庭りょうりだけでなく和菓子（わがし）にもよく使われます。

氷ざとう
かたまりが大きいので、ゆっくりとけます。そのとくちょうを利用して、くだもののシロップやお酒を作る時に使われます。

黒糖（こくとう）
かおりが強く、黒っぽいかたまりで、ほかのさとうと味もちがいます。サトウキビにふくまれているえいよう成分（せいぶん）であるビタミンやミネラルをのこしているからです。これを取りのぞくと、白いさとうができます。

グラニュー糖（とう）
ケーキやクッキーを作ったり、飲み物のあまみとしてよく使われます。

食物アレルギーに注意する食品（27品目中）／ありません

おさとうでキラキラ和菓子 かんたんひめかのこ

寒天でひかる

ざいりょう と 道具

かのこ6コ分
あんこ（こしあん）　　　60g
あまなっとう（市販品）　90g

寒天えき
水　　　　　　　　　100ml
粉寒天　　　　　　小さじ1/2
グラニュー糖　　　　　25g
香料　　　　　　　　　適量
（ここではラムエッセンス
　好みのものでよい）

道具
カード（へらで代用できます）
ボウル
バット
　（おぼんでも代用できます）
なべ
木べら
なべしき
はけ

1 じゅんびをする

あんこをカードやへらで6コに分けて、手でまるめる。

2 形を作る

ボウルにあまなっとうをいれる。

3

あんこが見えないように

両手を使って、あんこのまわりにあまなっとうをやさしくおしこむようにつける。

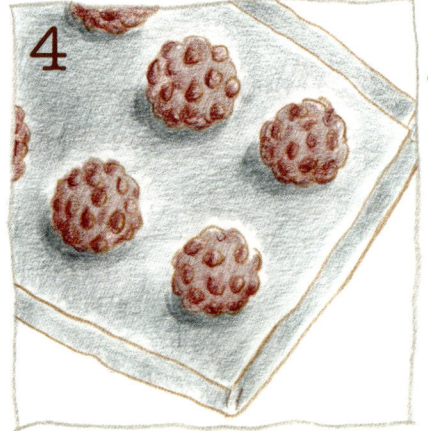

4

3をバットの上にならべる。

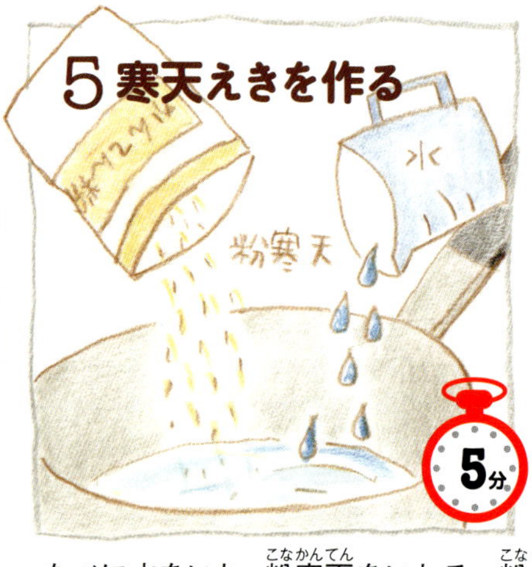

5 寒天えきを作る

なべに水をいれ、粉寒天をいれる。粉寒天が水をすってふくらむまで、5分くらいまつ。

5分

6

5を強火にかけて、木べらでまぜる。

強火

26

キラキラメイク

クックレベル…★☆☆
調理時間…**30分**

ふっとうしたら、さらに強火で3分火にかける。

7にグラニュー糖をいれて、木べらでまぜる。

8をさらに強火で3分火にかける。

9の寒天えきを火からおろし、香料（ラムエッセンス）をいれ、5分くらいとろみがつくまで木べらでまぜてさます。

11 しあげをする
4のあまなっとうのまわりに、寒天えきをはけでぬる。

12
まわりがかたまってきたら、できあがり。

おだんご先生の豆ちしき……日本の伝統のさとう「和三盆糖」

「和三盆糖」は、日本の徳島県と香川県の一部で、むかしから伝統的な方法で作られているさとうの名前です。ふつうのサトウキビより細く、たけの短い「竹糖」というサトウキビから作られます。作る時にてまがかかり、たくさん作ることができません。この本にはとうじょうしませんが、名前を知っておきたいさとうです。クリーム色で粉のように細かく、やさしいかおりとあまみがあります。それをいかした和菓子が口の中ですーっととけるあまい「らくがん」。和三盆糖をいろいろな形の型にいれ、おしかためて作る、きれいな和菓子です。

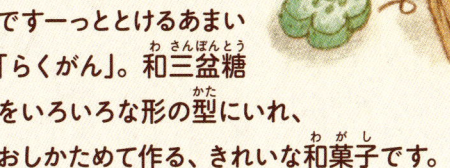

食物アレルギーに注意する食品（27品目中）／ありません

まずは、ラッパーのゼラチンくんから。

♪ぼくは外国生まれの、ゼラゼラチーン♪
　ぶたやうしから、できていて
　栄養いっぱいコラーゲン♪
　おはだもよろこぶ
　からだにやさしいコラーゲン♪

♪クールな冷蔵庫にインするだけで
　クールなお菓子が作れちゃう♪
　お口にいれたら、すぐとけちゃう
　ふしぎな、ふしぎな、ゼラゼラチーン♪

「ありがとう！
ゼラチンくんは、うしやぶたからの素材でできていて外国生まれです。
だから、マシュマロやゼリー、ババロアなど、洋菓子に使われているのね。
冷蔵庫にいれてひやすと、かたまるとくちょうがありますね」

つづいては、えんか歌手の寒天くんです。

♪海の海そう、寒天おんど〜♪
日本の海から生まれたぼくさ
せんいたっぷり、おなかすっきり
カロリー少なめヘルシーがじまん〜♪

♪ひやさなくても、そのままかたまる
手軽でかんたん、一番さ〜
そ〜れっ
海の海そう、寒天おんど〜♪

「寒天くんは、テングサという海そうからできていて、けんこう的なのがみりょくですね。寒天は、あんこの味でさらっと食べられる水ようかんや
とうめいできれいなきんぎょくかん、つるつるのどごしがよいところてんなど
いろいろな和菓子に大かつやくですもんね。わー、えらぶのがむずかしい！」

どちらも大もりあがりで勝負がつきません。
「よし！　今年は、引き分け。ふたりとも優勝です〜！」
寒天とゼラチンをつかった、フルフルおかしで
祝賀会は、フルフルパーティーです。

あんでアイスクリームババロア

かためる素材でフルフル和菓子

ざいりょう と 道具

4人分

水	大さじ2
粉ゼラチン	小さじ1
アイスクリーム（市販品）	250g
こしあん（市販品）	40g
生クリーム（しぼう分45％）	75ml
バニラエッセンス	2～3てき
ミント	適量

道具

- ボウル
- なべ
- 木べら
- ゴムべら
- あわだて器
- おたま
- スプーン

1 ババロアを作る

小さなボウルに水をいれ、粉ゼラチンをくわえ、5分くらいそのままおく。

少したつとゼリーのようにかたまりますよ

2

なべにアイスクリームをいれ、弱火にかけてとかす。

3

2にこしあんをいれて、木べらでまぜる。

4

火をとめ、1の粉ゼラチンをいれ、木べらでまぜてとかす。

5, 6

別のボウルに氷水をいれ、4のなべをうかせ、ゴムべらでまぜてさます。とろみが出てきたらボウルからはずす。

別のボウルで生クリームをあわだてる。あわだて器でクリームをすくって落とし、ぽてっと落ちるぐらいのかたさに。

あわだてすぎるとババロアがかたくなります

洋風だけどほんのりあんこ味

クックレベル…★★☆
調理時間…**145**分

7
6の生クリームから大さじ4をとりわける。のこった生クリームに5、バニラエッセンスをくわえて、ゴムべらでまぜる。

8 ババロアをひやす
7のババロアをおたまでうつわにいれ、冷蔵庫で2時間ひやす。

9
ババロアがかたまったら、取りわけた生クリームをスプーンで上にのせ、ミントをかざる。

おだんご先生の 豆ちしき …… **寒天とゼラチンってどんなもの？**

寒天とゼラチンには、それぞれいろいろなしゅるいがあります。作る物やこのみで使いわけることができますよ。

ぼう寒天
ぼうの形。糸寒天や粉寒天よりソフトなかたさで、寒天らしいかおりがある。

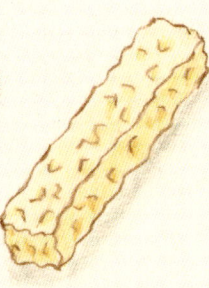

糸寒天
細長い糸のような形。ぼう寒天や粉寒天よりとうめい感がある。水にもどして、そのまま食べることもできる。

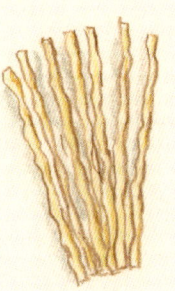

粉寒天
しっかりかたまり、使いやすくて手軽なので、おうちで作るお菓子にはぴったり。

粉ゼラチン
使いやすく、手にはいりやすい。

板ゼラチン
形を長くきれいにたもってくれる。

食物アレルギーに注意する食品（27品目中）／ゼラチン、乳

かためる素材でフルフル和菓子 寒天ドリンク

ゼリー風の飲み物

クックレベル…★☆☆
調理時間…15分

ざいりょう と 道具

2人分
- 水　　　　　　　　100ml
- 粉寒天　　　　　　小さじ1
- すきな味のフルーツジュース　125ml
- 氷　　　　　　　　適量
- ミント　　　　　　適量

道具
- なべ
- 木べら
- なべしき
- ボウル
- おたま

1 寒天えきを作る

「しばらくおくと寒天がとけやすくなりますよ」

5分

なべに水、粉寒天をいれ、5分くらいそのままおく。

2

3分 強火

1を強火にかけて、木べらでまぜる。ふっとうしたら、さらに強火で3分火にかける。

3 ドリンクゼリーを作る

火を止めてジュースをいれ、木べらでまぜる。

4

4〜5分

氷水をいれたボウルに、3のなべをうかせ、4〜5分木べらでまぜてさます。

5

木べらからポトッと落ちるくらいとろみがついたら、グラスに氷をいれ、おたまで寒天ドリンクをいれる。

6 しあげをする

できあがり

ミントをかざる。

34　食物アレルギーに注意する食品（27品目中）／ありません

フルーツ寒天ぐみ

プルプルおいしい

クックレベル…★☆☆
調理時間…**75分**

ざいりょう と 道具

ひと口大16コ分

水	100ml
粉寒天	小さじ1・1/2
グラニュー糖	50g
水あめ	大さじ2
このみのフルーツジャム	40g
（オレンジやあんずなど、ちょっとすっぱいジャムがおすすめ）	

道具
- なべ
- 木べら
- なべしき
- かわいいゼリー型（ひと口サイズくらいのもの）

1 寒天えきを作る

なべに水、粉寒天をいれ、5分くらいそのままおく。

しばらくおくと寒天がとけやすくなりますよ

（5分）

2

1を強火にかけて、木べらでまぜる。ふっとうしたら、中火にして1～2分木べらでまぜる。

（1～2分／中火）

3

2にグラニュー糖、水あめをいれ、さらに中火で2～3分木べらでまぜる。

（2～3分／中火）

4

3のなべを火からおろし、フルーツジャムをいれ、木べらでまぜる。

5 型にいれる

型にいれ、そのまま1時間くらいおいて、かたまったらできあがり。

（1時間／できあがり）

食物アレルギーに注意する食品（27品目中）／ありません

あんこが
おいしい
和菓子パン

あんこがだいすきなおだんご先生。
今日は、おいしいあんこのざいりょうをさがしに
あずき商店街にやってきました。

「ねえ、先生、あずきを買ったら、どんなお菓子が食べられるの？」
と、くいしんぼうのごまごが聞くと
おだんご先生は少し考えて
「そうねえ、まずあんだんごに、おまんじゅうでしょ。
それから、おはぎやおしるこ、ようかん
大福もおいしいわねえ」

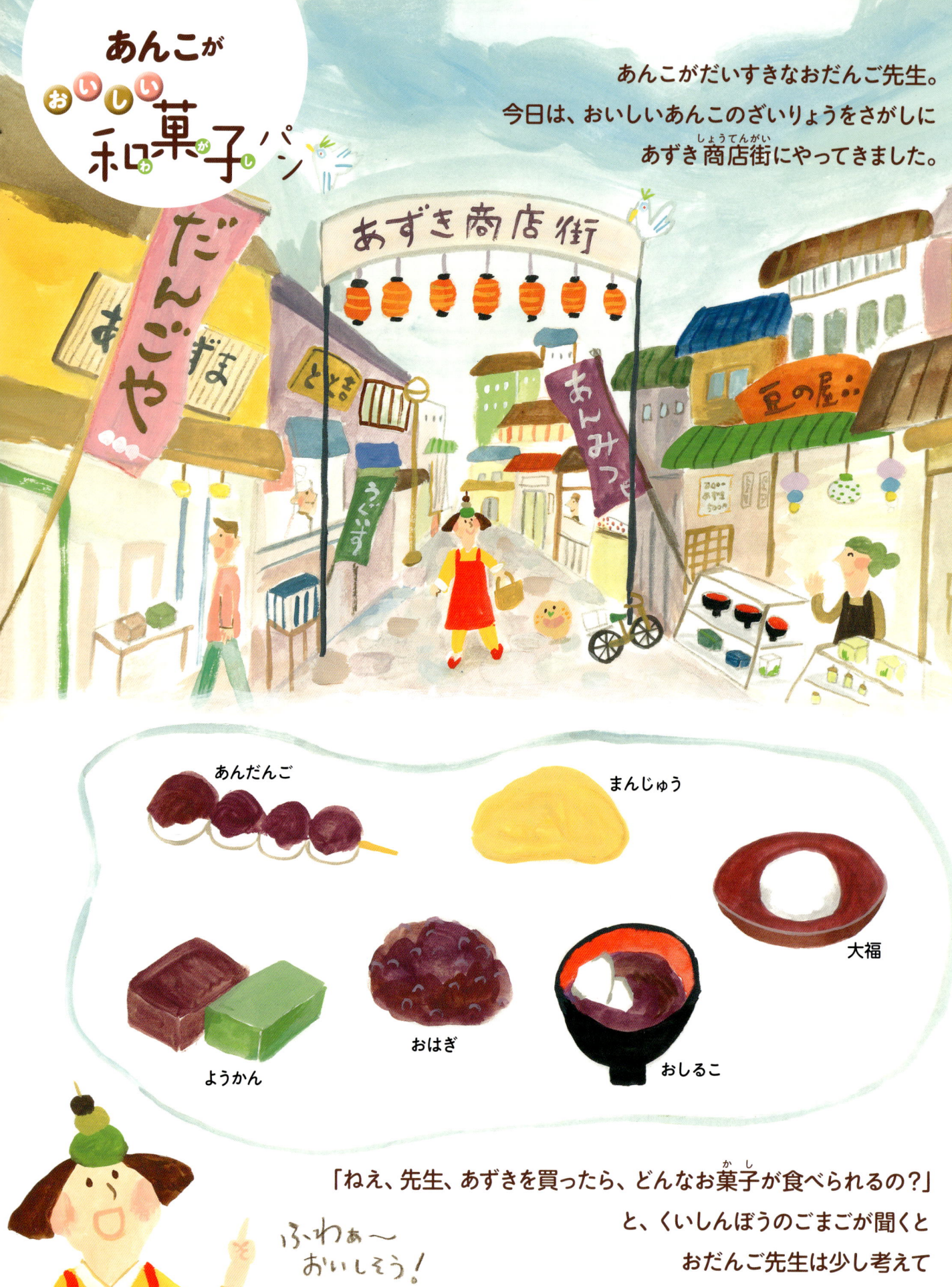

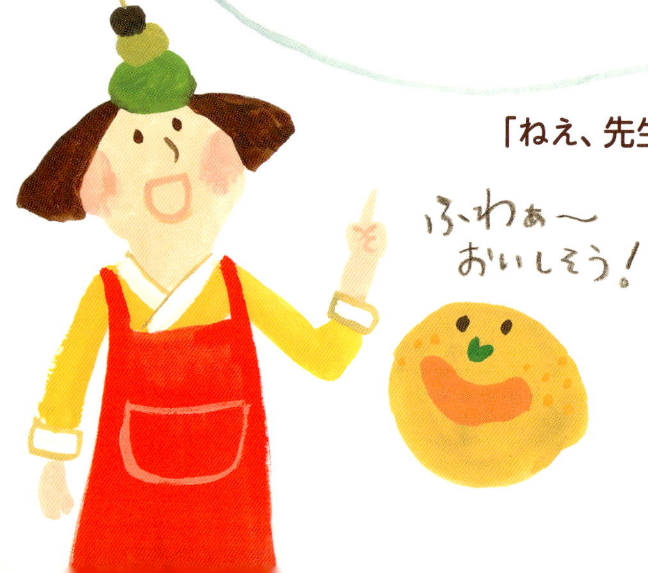

まめまめ堂本店

豆をたくさん売っている、まめまめ堂にやってきました。
「あら、おだんご先生。今日もおいしいあずきがたくさんはいってますよ。体を元気に動かすえいよう素やおなかをきれいにしてくれる食物せんいもたっぷりよ」

あずき
あんこのざいりょう。あずきの赤い色には、悪いものをおいだす、やくよけの力があると信じられている

赤えんどう豆
えんどう豆の一種で塩ゆでにして使う。あんみつやみつ豆、豆大福の皮にいれる

青えんどう豆
えんどう豆の一種。うすきみどりのあんこ、うぐいすあんのざいりょう

金時豆
いんげん豆の一種で甘納豆や煮豆のざいりょう

ささげ
あずきににているけれど色がもっと赤く、えんぎのよい豆としてお赤飯などに使われる

手亡豆
いんげん豆の一種。白いあんこのざいりょう。白いので、色をつけたり、ほかのざいりょうとあわせて和菓子によく使われる

「豆って、こんなにしゅるいがあるんだね」
「そうよ、ここにある豆は、お料理や和菓子にもよく使われるのよ」
その時……ぐ〜〜、あら？
「ぼくおなかすいちゃった」とごまごがはずかしそうに言いました。
「じゃあ、さっそく、おいしいあずきを買って、はらぺこの時にフライパンでさっと作れる、手軽なおやつパン、あんおやきを作りましょう！」
「やった〜！」

くるくるまるめて あんおやき

あんこが おいしい 和菓子パン

フライパンで

ざいりょう と 道具

8コ分

薄力粉	250g
上白糖	15g
塩	小さじ1/2
ベーキングパウダー	小さじ2
ぬるま湯	160ml
（体温くらいのあたたかさ）	
うち粉（薄力粉）	適量
黒ごまペースト	大さじ4
こしあん	40g
油	適量

道具

- ボウル
- 粉ふるい用のざる
- ゴムべら
- ラップ
- カード（へらでも代用できます）
- めんぼう
- スプーン
- フライパン
- キッチンペーパー
- フライパンのふた
- フライ返し

1 きじを作る

ボウルに粉ふるい用のざるをおき、薄力粉、上白糖、塩、ベーキングパウダーをいれ、ゆすってボウルに落とす。

2

1にあつい湯と水をまぜたぬるま湯をいれ、ゴムべらでまぜる。

3

材料をなじませるためよ

2にラップをかけて、30分そのままおく。

4 形を作る

うち粉ってなあに？

パンの形を作る時、手や台にきじがくっつかないように、うち粉を使います。形を作る台の上に薄力粉を手でかるくふりかけます。手についた薄力粉もそのままうち粉として使いましょう

ボウルからきじをとりだし、うち粉をふった台の上にのせる。手で長いぼうの形にし、カードやへらで8コに分ける。

5

4のきじをひとつずつ、めんぼうで横5cm、たて20cmの長方形にのばす。

かんたんおやつパン

クックレベル…★★☆
調理時間…**60**分

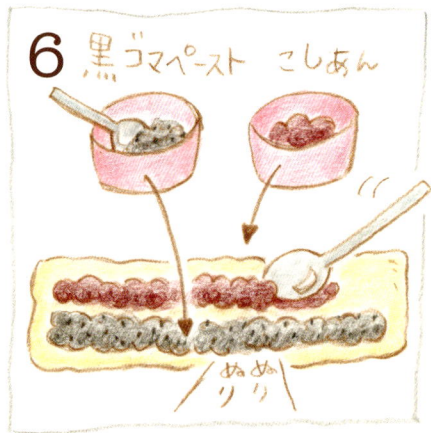

5のきじに、スプーンで黒ごまペースト、こしあんをすみずみまでぬる。

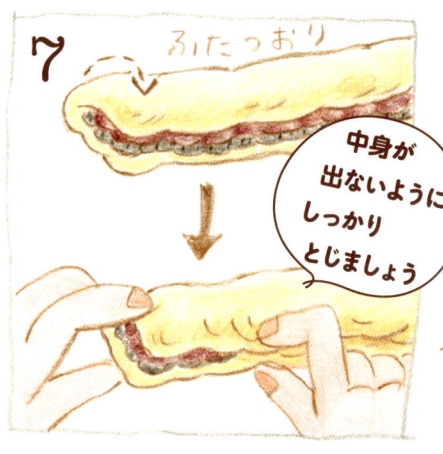

6のきじを、黒ごまとあんを内がわにして、たてに2つにおり、はじとはじを指先でつまんでとじる。

7のきじを、はしからイラストのようにくるくるとまく。まきおわりは、きじときじを指先でつまんでとじる。

フライパンを火にかけてあたため、キッチンペーパーに油を少しつけて、うすくしく。**8**のおやきを入れ、やき色を見ながら弱火で10〜15分くらいずつ、おもてとうらをやく。

おだんご先生の豆ちしき …… あんこのしゅるいと作り方

あんこはいろいろな豆を使って作られています。あずき豆から作るあんこが、和菓子で一番よく使われていますね。あずきの皮を取りのぞいて作る「こしあん」、あずきの皮をのこして作る「つぶあん」。この2しゅるいが、お店でもよく売られている代表的なあんこです。

白いんげん豆などで作る「白あん」は、ほかのざいりょうと組みあわせて、味や色の変化が楽しめるあんこです。たとえば、たまごのかおりがふんわりかおる「きみしぐれ」や、いろいろな色をつけて花の形などきれいな形にととのえた「ねりきり」があります。青えんどう豆で作る「うぐいすあん」は、鳥のうぐいすのような美しいうす緑色をしています。むしまんじゅうやどらやきの中のあんなどに使われていますよ。

食物アレルギーに注意する食品（27品目中）／小麦、ごま

[著] 芝崎 本実　しばさき もとみ

女子栄養大学大学院修了。管理栄養士。製菓衛生師。製菓学校在学中に和菓子の美しさに魅了され、卒業後、和菓子店で働きながら四季折々の和菓子を学ぶ。その後、和菓子の注文制作や商品開発、雑誌へのレシピ掲載、親子対象の食育和菓子講習会などを通して和菓子の魅力を伝える。現在は、大学教員として管理栄養士の育成に携わりながら、和菓子の研究を行っている。おだんごプロジェクト「おだんご日和」（http://odango.jp）で全国のおだんご屋さんMAPなど情報を発信中。趣味はおまんじゅうを包むこと、好きな食べ物はおだんご。

[絵] 二木ちかこ　ふたつぎ ちかこ

2010年「詩とファンタジー」イラスト部門優秀賞。書籍、雑貨、広告などでイラスト＆デザインを手がける。おだんごプロジェクト「おだんご日和」のメンバー。

レシピ制作・絵本ページ案────芝崎本実
絵本ページイラスト・レシピページ構成────二木ちかこ
レシピページイラスト────中山成子
写真────金子睦
ブックデザイン────須藤康子
DTP────由比（島津デザイン事務所）
編集協力────山縣彩

おだんご先生のおいしい！手づくり和菓子
〈春〉わくわく おにぎりさくらもち

発行────────────2015年2月15日　第1刷
　　　　　　　　　　　2016年4月1日　第2刷

著────芝崎本実
絵────二木ちかこ
発行所────株式会社童心社
　　　　　〒112-0011　東京都文京区千石4-6-6
　　　　　電話　03-5976-4181（代表）
　　　　　　　　03-5976-4402（編集）
印刷────株式会社光陽メディア
製本────株式会社難波製本

©2015 Motomi Shibasaki, Chikako Futatsugi
Published by DOSHINSHA Printed in Japan.
ISBN978-4-494-01819-2
NDC.596　30.3×21.6㎝　40P
http://www.doshinsha.co.jp/

本書のレシピを作る時の注意点

- 計量スプーンは、大さじ1＝15ml、小さじ1＝5mlのものを、使っています。
- たまごはMサイズを使っています。たまごの黄身、白身のみの時も同じです。
- オーブンは、家庭用のオーブン（600W）を使っています。メーカーによってやき時間や温度がことなる場合があるので、調節してください。
- 作るときの難易度を「クックレベル」でしめしています。レシピ選びのさんこうにしてください。
- 材料の中に食物アレルギーに注意する食品（アレルギー物質を含む特定原材料および特定原材料に準ずるもの27品目）がふくまれる場合、レシピページの右下に書かれています。

和菓子作りの道具 あれこれ 2

和菓子を作る道具はいろいろあります。
その中から、せつめいしておきたい道具を
ごしょうかいしましょう。
作るレシピが決まったら、このページで道具のせつめいを
読んでからはじめてくださいね。

むす

クッキングシート

ねつに強く、水じょう気をとおす。むし器など
に菓子がつかないようにしいて使う

むし器

おだんごやさつまいもな
どをむす。二段むし器の
ばあい、下段に湯、上段
にきじなどをいれて使う

やく

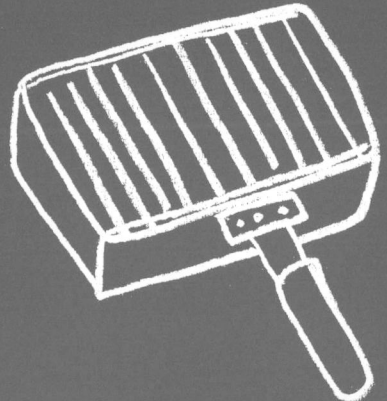

やきあみ

だんごやもちなどをやく。うけざらがあ
り、ちょくせつ火にふれないので、ほど
よいこげめがつく

ケーキクーラー

やきあがった菓子をのせてさます。あみ
でも代用できる

オーブンシート

ねつに強い。菓子がつかないように、
オーブンの天板にしいて使う